4

to___ me.___ You are the light___ I___ fol - low.___

me___ smile.___ You are my___ to - mor - row.___

Chorus:

I will see you a - gain,_____ whoa._____ This is not where it ends._

___ I will car - ry___ you___ with___ me,___ oh,_____ 'til I see you a - gain._

42306   US $3.99

ISBN-10: 1-4706-1004-3
ISBN-13: 978-1-4706-1004-3

Alfred

alfred.com

PRINTED IN THE USA